JN409151

유병일 시집

이나리강 달맞이꽃

도서출판 진실한 사람들

| 시인의 말 |

유년기를 이나리강에서 보냈다.
그곳에서 싹튼 詩心은 글을 쓰게 된 이유다.

사소한 것, 느린 것, 휘어지는 것들은 나의 사색의 도구다.
가령 제철에 피지 못한 꽃, 갈수기에 멀리 가는 강물
휘며 자라지만 하늘을 향해 뻗는 나무들이 그렇다.
언제부턴지 모르나 나는 이들이 눈에 익숙하다.

여기 모은 것은 오래전에 쓴 글이 많다.
다만 헐거운 이야기를 들어주면 감사하다.

2019년 겨울
유 병 일

1부 이나리강에 대한 小考

2부 계절에 관한 小考

3부 꽃에 대한 小考

4부 오래된 기억

5부 감에 관한 小考

1부

이나리강에 대한 小考

이나리강 학(鶴) 이야기

학은 노을을 강가에서 놓아주고, 무슨 여력이 있어 붙들겠는가마는, 물은 높은 곳에서 낮은 곳으로 흘러야 한다. 외다리로 서면 물살이 더 빠를까를 생각한다. 별이 뜨지 않은 초저녁은 물살이 거칠다. 학은 낚시꾼마저 일찍 귀가시키고, 저 큰 강을 혼자 지킨다는 것이 자신의 몫이라는 것을 안다. 천년을 그렇게 살았다. 때론 급물살이 정강이를 몰아쳤지만 외다리에 얹어 놓은 생은 단단했다. 한때 신분의 상승으로 따돌림을 당하고, 한때 장님이 되어 강을 더듬거렸다. 돌이끼에 끼인 추억이 새롭다. 지금은 사람들로 인해 멸문지화 되었지만 학명은 아직 이나리강에 남아 머리에 한 획 긋는다

* 이나리강 : 운곡천과 낙동강이 봉화군 명호면 도천1리에서 합류

이나리강에 학이 외발로 서 있다

이나리강
자갈밭에 강물 올라오는 소리
학은 외발로 섰다
목을 길게 뽑다가 지루한 듯 흔들어 집어넣고는
양 날개를 펴 중심을 잡는다
저만치 낚시꾼들 자리를 털고 일어설 때
학은 서둘러 목을 접었다
해종일 강가에서 학이 울었다
비단 물안개 탓만은 아니다
울리는 소리만큼이나 감당하기 벅찬 밤이
온다는 예감 때문에

저녁이 와서도 외발의 비밀을 밝혀내지 못했다
학은 낚시꾼이 버리고 간 시간을 밟고 섰다

그대 직립의 인간이여
삶이란 결국 홀로서기

저만치 이나리강에 학이 외발로 서 있다

겨울, 이나리강에서

겨울, 이나리강
노을은 페르시아 주단을 깔아 놓았다
철새의 야윈 다리는
늦가을 숲을 오래 걸었고
어둠이 정강이를 올라오자
새들은 등에 걸린 노을을 붙들고 섰다
하나님
어쩌시려고
주단을 걷고 계신가요
새들은 또 날아갈 산을 바라본다

이나리강 소묘

화가 이나리강

해 시들어
강둑, 허접한 사내 그림자를
강 한복판에 데려가니
강은 여백이 없다

밤이 오자, 강은
달만 강물에 뉘고 여백을 두니
생각이 많다

집으로 가는데, 물 안에는
돌돌돌
강은 듣고 가라하고
늦도록 자갈은 부딪히고 구르며 갔다

여백의 미는
풍경이 아니라 물 안에서 부딪는 소리임을
우린 왜 잊고 살까

청량 산행

땅거미 밟히고 외청량 굽은 나무들이 꽉 찬 달을 떠받치고, 사람들은 피안의 세계를 보고자 5층 석탑을 쌓았다. 법당 유리보전에 약사여래 정좌하고 계시다. 툇돌 아래 노송老松이 육신의 가시를 뽑아 그늘을 만드니, 수화手話의 원조이신 여래께서 왼손의 엄지와 검지를 둥글게 말아 너나, 나나 空이라 선문답, 손바닥의 門, 그 좁은 문으로 들기 위해 늦가을부터 나무들은 허리둘레를 줄이니, 잠시 멈추고 생각한다. 그 좁은 입구를 들기 위해 얼마나 많은 단식을… 이 저녁 하산이 즐겁다. 강물이 잔잔하다. 욕망의 청태가 끼지 못한다. 강이 굽어질 때까지 본다. 내 청량 골짜기의 물은 캄캄할수록 소리를 높여 독경을 했고, 일주문을 내려온 물은 남폿불 없이도 강들머리를 쉽게 찾아들었다. 달무리 지고 합장하는 굽은 나무들은 강물이 떠받친다. 육신의 그림자 강물에 오버랩 되고, 낙동강은 부산 개어귀에서 물소리만 가져왔다고 할 거다.

풍경, 청량산사

늦은 시간 하늘다리를 산행하고, 하산 길 청량사는 절간 같다. 지각한 구름 한 조각, 구태여 산허리에 염주를 끼우는 심사는 뭔지, 어리바리한 친구가 나중에는 창대해진다는 생각이 드는 이유다. 금탑봉은 저녁 예불을 마치고 하루 결산을 합장으로 대신한다. 쪽문으로 본 유리보전의 님의 귀가 당나귀 귀, 복두장이 심사를 알 만하다. 땅거미는 발목까지 내렸고 길섶 산민들레 부부가 무릎을 꿇고 있다. 등산화에 밟히고 거뜬히 살아남은 민들레, 그대가 부처 같다. 일주문을 다다를 무렵, 내려온 산을 쳐다본다. 산은 그만 쳐다 보라고 한다, 이미 만등燈이 꺼졌으니, 나머지는 그대 몫이니 그대가 알아서, 낙강에 앉은 구부정한 초생달, 넉넉한 낙강이 받아 줄 만한데, 굳이 제 살을 깎아 강물에 앉은 연유는 다만 속세는 그것이 삶이라고 주절대지만 그 또한 정답은 아닌 듯하다.

낙동강

강물은 상류에서는 낙관을 찍지 않습니다

어두워지는 강을 흐르거나
갈대숲을 돌아갈 때는
일정이 빠듯해 쉬지도 못했습니다

바다로 가는 동안
강은 따로 연습을 못했습니다
도착지는 다음 행선지가 이미 정해졌습니다

느닷없이 개울물이 합쳐지면 소沼를 만들어 갔습니다
민물과 바다가 조우하는 남해를
장장 천삼백 일이 걸렸습니다

천삼백 리 낙동강은
이제 낙관을 찍습니다

동국이 형

동국이 형은
아주 어릴 적, 민간약 처방으로 두 눈을 잃었다
형은 칠순이 넘도록 고향 이나리강에 산다
고향마을 보호수 같다
형은 19공탄을 때던 시절, 손수레로 연탄배달을 했고
기막히게 골목골목 돌부리를 피해 다녔다
용케도 발자국 소리만 듣고도
"누구 아닌가" 먼저 아는 척을 했다
눈 뜬 사람이 많이 민망하기도 하고
사람들은 손수레를 밀어주기도 했다
교회 부흥회가 있는 날은 형은 맨 뒷줄에 앉았고
점자로 된 찬송가도 성경책도 없었다
그야말로 비무장으로 교회를 다녔다
목사님이 다음은 찬송가 440장입니다, 하면
벌써 콧소리로 킁킁 음정을 대충 조절하고
이어서 "멀리 멀리 갔더니 처량하고 곤하여" 선창을 했다
때론 음정 박자도 무시하고, 사람들은 킥킥거리면서도 떼창을 했다

늘 머리맡에 고무줄로 건전지를 칭칭 동여맨 라디오
연속극 '삽다리 총각'을 애청했던 형
혼자 집에 있는데 왜 전깃불을 켜느냐고 물으면
빙긋 웃으며, 드나들다 문지방을 박을까 봐 농을 하던 형
귀천하기 전엔 꼭 눈을 뜨고 갔으면 좋겠다

엄마의 자서전

엄마는 교회 종지기였다
종각에 함박눈이 붙고 그녀의 오래된 기침소리는
서늘한 눈발과 겹쳐 내렸지만 쉽게 포착되었다
자정이 넘으면 순희 누나네 정미소에서
보내주는 전기가 끊겨 엄마는 새벽마다
예배당 곳곳에 남폿불을 켰다
젊은 전도사님은 "집사님 많이 아프신가 보군요"
오늘 엄마가 당긴 종소리는 또 느렸구나
이런 날은 서둘러 방으로 들어와
쪼가리 광목에 싼 소다를 입에 털어 넣고
성경에 두 손을 얹고
저의 죄를 용서하시고 바라건대 당신의 종으로
영원히 살아갈 수 있도록, 아멘
가쁜 숨 몰아쉬며 절절이 용서를 구했던 엄마
얼굴까지 이불을 끌어다 덮은, 나는
엄마의 죄를 감정하려 했지만 문풍지를 건드는 눈발에 주눅이 들었다
애당초 엄마의 원죄는 없었다
굳이 문초한다면 새벽마다 쇠종을 아프게 한 죄다

샛강에서

초저녁 샛강에 나왔습니다
바람은 수초 꽃대에 눕고
이따끔 강물은 달빛을 밀어냅니다
이는 파문은 파도보다 높습니다
건너간 강물이 돌아올 즈음
나는 달빛에 까맣게 감전됩니다

이나리강, 달맞이꽃

바람 불자, 급히 강둑을 내려가 물소리 듣는 꽃잎들, 강물은 말없이 묻혀가는 달맞이꽃이 좋다.

지금 운곡천과 낙동강은 하나가 되기 위한 몸 섞기 바쁘다. 결국 이나리강이라고 쓴 낙관이 있어야 바다를 들 수 있으므로 또 바다에 이르러 이 낙관마저 버려야 한다. 神은 이나리강 두 곳에 달을 풀어 놓았다. 그 까닭을 알고자 뭇별들은 초저녁부터 높이 박혔고 별똥이 되어 강바닥으로 쓰러졌다. 강물은 푸르게 솟은 풋갈대를 적시고 이끼 낀 돌밭을 지났다. 폭포를 돌아 나오는 강물이 느리면 달은 강물을 안고 갔다. 강 한복판에 섰다. 달은 하나, 태초 신이 풀어 놓은 달은 하나였음에도 사람이 두 달을 풀어 놓았던 것, 그때부터 사람들은 고민이 시작되었다.

이나리강, 승강장에서

사람이 그리운 날은
승강장으로 간다
텅 빈 마을버스도 사람이 그리운지
남산모롱이를 굼실거리며 온다
빼빼꾹, 귀가 시원하다
앞산 뻐꾸기가 되받아
나 여기 있다고, 빼빼꾹, 모처럼 동네가 시끄럽다
차문이 열리고
봉화 오일장에 갔던 할배
혼자 버스에 내린다
이런 날은
할매 생각 더 짙어
막걸리 한 잔 마셨다

개에 대한 묵념

1

내 스물다섯 초여름은 무방비로 왔다
그때 기대어 쉴 만한 안식처가 없었고
친구들은 면서기로, 학교로, 회사로 갔고
여름내, 강바람은 할 일이 없던 나를
이나리강으로 불러냈고
예비군 훈련장 미루나무는 제 몸에 붙은 잎을 막 비비기 시작했다
그때마다 내 코끝은 순도 높은 마약에 취했다
꽃이 없는 나무는 흔들어야 향기가 난다는 것을 그때 알았고
이 무렵, 나의 하루는 이웃집 누렁이와 절친이었다
긴 혀로 손등을 슥슥 핥아 주던 누렁이
촉촉한 눈으로
아픈 마음을 읽는 명의였다

2

서른쯤 직장이 잡히면서 누렁이가 궁금했고 수소문을 했다
어느 초복날, 장터 아재가 미루나무에 누렁이 목을 매달고
개 패듯 패니 늘어진 채 죽었다고 했다
도망이라도 가지, 뭐 했어
누렁이가 귀천하던 날
매미들은 이파리에 박혀 통곡하며 상주노릇을 했다고

3

그 시절 목구멍이 포도청으로 나는 임종을 못했다
누렁군, 미안해, 정말 미안해
스물다섯의 계절
비빌 언덕이 되어준 너를 생각하면

똥개든 사냥개든
나는 묵념을 한다

2부

계절에 관한 小考

풀 잎

지난겨울 산불이 났습니다
마른 풀잎부터 쓰러졌습니다

눈밭 봄보리 보다 무섭게 떨던
풀잎은

풀잎은 쓰러지면서도
눈물 안에 감춰둔 풀씨주머니를 바람에 터트렸습니다

봄바람은 누운 풀잎부터 세워 주었습니다

봄날, 축서사 가는 길

산다는 일은 늘 번뇌다
절집으로 걸음을 재촉하는 사람아

동박새, 종일 울어대고
구름이 제 그림자를
외딴집 지붕에 오래 내려놓는 것은

다 번뇌 때문이다

生에서, 번뇌가 강물처럼 이어진대도
당장 울 일은 아니야
울어서 번뇌가 해소된다면
종일 발 뻗고 울겠지
젊은 스님도 해우소에만 가면 소식이 없질 않더냐

봄을 기다리는 사람아
나도 그렇고 너도 마찬가지
번뇌는 쪽파 피듯 쑥쑥 올라온다

저기, 파밭을 오는 나비
낮술에 취하지 않고
긴 하루를 어떻게 배기겠느냐

산불

Y 소방관이
잡목 20평 소나무 10그루 소실
무전기 너머로 생생하다
그랬다, 산에 주인은 소나무였지
애국가에도 소나무만 애국하는 나라
산불 초입에서
소나무보다 먼저 쓰러진
꿀밤나무, 개옻나무, 갯버들은 잡목으로 분류되었다
하지만 그들은 나를 태우고 정상으로 가라던 사내들이다

봄, 냉이꽃

파밭, 밭머리에 냉이꽃
햇볕이 내리는 쪽으로 몸을 기댄다
겨울, 눈비탈에 등을 똑바로 세워줘서 고맙다

그 흔한 관리자 명판 없이 잘 견뎌냈구나

유년 시절
엄마는 애야, 장도리밭에 나새이가 어른 한 뼘이나 되는구나
엄마의 행간은 지난겨울이 몹시 추웠다는 이야기고
우리도 잘 견뎌냈구나, 말하고 싶었다

언 밭에 누운 냉이꽃이 참 이쁘다
냉이꽃 같은 엄마가 다시 그립다

산수유나무

봄이면 낯선 사내에게 샛노란 머플러를 선물하는 여자
사람들은 바람났다고 수군대더라
겨울이 다 간 줄 알았는데 눈발에 발등이 터져
노란 덧버선을 신고 있는 여자

발정 난 나비가 단속곳을 훔쳐볼까
복사뼈까지 슬며시 치마를 내리는 그녀는
점심때쯤 산그늘이 마을에 온다는 걸 알고
아침부터 시치미 뚝 떼고 노랗게 눈썹부터 그리는 이 여자

볼우물이 후끈 달아 감당 못하지만
날건달엔 무너져선 안 된다고
집안에만 종일 있는 여자
또 뭔 심산지, 한 잎 두 잎 멀리 배웅을 가는 여자
깊은 밤
잠이 오지 않아
골목길을 나가면 꼭 마주칠 것만 같은 여자
내가 이유없이 좋아하는 여자

봄날, 병아리

1

봄은 아직 일러서, 병아리가
어미 품에서 얼굴만 은밀히 내밀고 있다

2

넓은 마당이 아직은 낯설어
어미의 날갯죽지를 못 떠나고
울타리 너머 살구나무 그림자가 월담을 해서 놀리지만
바둑이는 어미 닭에 주눅이 들어 얼씬도 못하는, 봄날

병아리는 어미 닭에게 살아가는 법을 배운다

3

가령 홰울음 울기
물 한 모금 먹고 하늘 쳐다 보기
식도를 지나 모래주머니에 들어온

모이를 소화시키기

병아리는 지루하고 심심한 날은
땅바닥에 꼬리까지 늘어뜨린 바둑이를
여물지 않은 부리로 톡 쪼아주고는
어미 날개 안으로 피신하는 방법을 배워야 했다
병아리 봄날은 그렇게 갔다

4

콩 이삭이 익고
저녁연기가 곧게 올라가고
들에 나간 소들의 걸음걸이가 더디는 저녁은
어미 닭과 작별을 준비해야 한다
정을 떼려는 엄마의 눈빛과 교환한다는 것은 두렵다
빗장을 채우는 엄마 닭
쭈뼛쭈뼛 세상으로 나오는 병아리가
닭도 아니고 병아리도 아닌 털 빠진 기러기 모습으로
세상과 맞서야 한다

많은 밤과 대치하면서 알게 된 수련의 시간들
늦은 가을, 살구나무 그림자가
침입자가 아닌 안식처라고 생각될 때
어미 닭이 되어 있으리라

5

종일 비가 왔다
젖은 날개를 털며, 처마 아래 일렬로 웅크린 닭들이
비 그치기를 기다리지만
졸리는 눈을 보면
엄마 닭과 보낸 그때가 봄날이었다고 회상한다

어떤 물음, 혹은 봄 풍경

산비둘기
봄산에 들어 종일 울고는
이 봄
어떻게 다 감당하라고
아카시아꽃 언제 피는가 묻네

산벚꽃 무더기로
물끄러미 강물을 내려다보다
굳이 휘돌아 가는 물은
왜 그러냐고
곁에선 소나무에게 묻네

봄산에 대고 애써 소식 묻는 사람도
까마득
소식 없는 사람도

봄산에 들면
눈물이 범벅이 되는 실향민인데
산꽃이 다 지면 잊어질까

낙 엽

가슴에
낙엽을 더 쌓아 둘 수 없어
오늘은 반쯤 태우리라

그칠 줄 모르고
요요搖搖하는 잎

다시 잎은 요요寥寥
가을은
그렇게 가고

나, 그 잎들
차곡차곡 밟는다

가을산 일기

가을인가
산그늘은 구부 능선에서 블라인드를 올리고 있었네
바위, 나무, 꽃, 풀, 이 사군자가
대각선으로, 원형으로, 혹은 갈지자로 얽히어지고 있었네
키 작은 꽃들이 시야에 오래 머물렀네
아예 가슴 절반을 구부능선에 묻은 바위들
퇴로가 없었네

꽃들의 눈동자를 보네
색깔은 서로 달랐지만 지향점은 줄곧 하나라고 말하네
시들한 구절초
지향점을 향하여
남은 힘 붙들고 비틀거렸음을 금방 알았네

산등성이 갈참 잎, 처음 보는 나를 쭉 보고 있었네
나 역시 눈물이 나도록 주시했네
초면이었지만 눈물의 의미는 알 것 같네
잎은 나지막이 내 귀에 대고 無無無 떨었네

눈을 감고 봄날을 잠시 기억했네
가시 돋은 산초나무는 오부능선에 말목을 쳤고
대가로 다래나무는 잎 하나 뻗어 주지 않았지
단풍나무가 급히 중재에 나섰지만
결국은 가을이 가까워야 저녁국수 풀어지듯 하였네

산을 내려오다가
고목으로 남은 소나무, 더 이상 데워 낼 수액은 없지만
생애 마지막 잎 정도는 데우고 싶어했네
이런 날은 산에 오래 묶여도 좋았네
구름은 바쁜 듯이 산 정상을 넘어갔네

가을 강

이제 여름 이야기를 그만 하고
평상을 떠나네
같이 가자던 단풍은
도착하기도 전에 온몸을 강으로 던졌네

가을 강
그대 또한 만취해 감당할 수 없었는가

강으로 몸을 던진 사람들은
별이 될 수 없는 까닭에
통곡만 했네

잘 가라, 강아, 단풍들아

가을에
던진 얼굴이
별이 될 줄 뉘 알았겠는가

어린 고추잠자리

어린 고추잠자리
호드득호드득 비 지나가자
놀란다

가을날 가슴을 빨갛게 페인트해 준 햇볕과
고공 비행연습을 시켜 준 수수밭이며
비행속도를 조절해 주던 하늬바람이며

하도 고마워서
꽃이 되어 날아다니며 핀다

분천역에서

분천역은 지금 설원

이런 날은 사랑하는 사람과
철길 한쪽씩 나눠 걸으며
양원역까지 걷는 동안은 기차가 오지 않았으면 좋겠네

봄찔레 같은 눈이 침목보다 높이 쌓이네
움푹 꺼진 철길 옆으로 시들다 눈을 맞은 코스모스
가파른 언덕을 기던 패랭이꽃이 보이지 않고
눈을 뒤집어 쓴 철길은
길을 잃지 않으려 터널 안까지 눕고

밤새 내리고도 성에 안찼는지 유리창에 달라붙는
싸락눈
역무원은 연탄재를 버리다 말고 돌아가
유리창에 대고 후하고 분다
그도 옛사랑이 그리워지네

분단, 두만강

겨울밤
쩡쩡
푸른 두만강 어는 소리

수만 장의 낙엽이 누우떼*처럼 강을 건넜지요
손을 놓친 누우는 생사를 모르고요

한 생애가 또 이별로 시작되는구나

아, 나 두만강 뱃사공이 되고 싶다

*누우떼 : 아프리카 세렁게티의 사자나 악어들의 밥이 되어도 목초지를 찾아 강을 건넘

3부

꽃에 대한 小考

장미

장미는 붉은 입술을 가졌다
곤두세운 가시도 있다
제 등에 창과 방패를 모두 가져
여린 바람에도 긴장하고 산다
느슨하게 대처하다가는
꽃잎은 그만 찔리고 만다
가끔 등나무에 걸린 어둠이 가시의 눈을 가리면
죽은 채 누웠던 잎은 날렵하게 한 장 핀다
반쯤 펴보고 또 거릴 재어보고
마지막엔 불안한 듯 아예 겹겹이 접고 만다
장미의 적은 바람이 전부는 아니다
접어 거리를 두지만
장미는 꽃잎과 가시가 더불어 산다

들장미

가만 두어도 아프다
미인은 생이 짧다
요절한 오월의 밤은 화려하다

장미는
신이여!
왼손에 가시를 오른손엔 꽃송이를
한 계절 바람에 실려 가는 꽃이 아니라
가시와 더불어 피겠다는 의지
기도가 어리석지만, 나중에는
들길을 환하게 내고 간 꽃이었다

그대 꽃다웠고
굳이 장미라 해도 꽃인 줄 알겠다

삶에 관하여
사랑에 관하여
그대
눈부시게 살다 갔노라 증언하겠다

줄장미

줄장미는 줄이 있다
등燈이 붉은

가시가
알전구를 일일이 찾아
스위치를 누르는 저녁

빗물이 꽃잎을 타고 내린다
한두 집은 정전이다
정전된 집의 초인종을 누른다

꽃처럼 불이 꺼진다

오월, 장미

장미는 월장할 때가 이쁘다
저만치 앞서가다 뒤돌아보아도 이쁘다
수많은 잎을 데리고
아직 끌고 갈 것이 남았는지
상처 난 꽃잎은 옥도정기를 바르고
금이 간 담장은 푸른 잎으로 덮었다
일행 중 선두가 없어도
묵묵히 따라가는 이파리들
담을 넘으면 바로 절벽
저 전반부에 오르던 생처럼 후반부도 천천히 넘는다
온몸이 불붙어 담장을 내려가는 오월
절벽까지 붉게 덮었다

장미꽃

꽃은
천 번을 접어야 장미가 된다

그런 장미가 되고 싶다

먼저 꽃이 되어라

아직 꽃이 된 사람이 없다

담쟁이

정부미 창고를 가을까지만 임대한 담쟁이
식솔을 벽에 모아놓고
여행지는 오르막만 있고 벽촌이다
그늘을 기대하지 마라
그렇다고 지친 노을이 등을 잠시 빌릴 때 거절해서는 안 된다
아버지 담쟁이가 발을 내리고
어머니가 발목을 잡고 또 발을 내리고
매일 오르는 가파른 벽이지만
달아오른 절벽을 맨살로 오르기란 고통이다
금 간 벽은 줄기가 꽉 달라붙었고
잎들은 줄기가 내준 등을 가볍게 밟고 오른다
가을이 가까워지자
잎들은 지붕으로 모여 들었고
그들이 밟고 온 벽은 장관이다

담쟁이 사설

초추의 양광이 든 영월 가는 길에
찻집이 아름답다
그 집 유리벽을 오르는 담쟁이
저 미끌미끌한 절벽을
주저앉지 못하는 절규가 눈물겹구나
언덕 수수밭에 서늘한 바람이 분다
내일 오를 분량을 앞당겨야 한다
무서리가 오기 전에
지붕에 올라야하는 절규가 또 눈물겹구나
늘 절벽에서만 출발하는 삶이 불공평한 것이었으나
너의 오르기는 어디쯤에 가선 그칠 것이다
산다는 일은 애초 평지가 아니었던 것
너의 시린 삶을 감싸 안는다

용연사, 목련 아래서

비슬산 용연사 백목련은 일 년에 세 번 핀다. 딴 꽃들은 한 열흘 진탕 웃다 가면 그만인데, 세상사 마음에 두지 않으려고 강 건너 돌 틈에 튼 민들레도 두 번 피지는 않고, 그 자리에 얼어 마감하는 꽃은 또 얼마냐. 雨雨雨 절제 못하는 비, 비 그치자, 목련이 숨 막히게 팡팡 터진다. 막 이제 절집에 온 여자가 세 번째 물음을 던진다. 부처님 예, 남들이 예, 저어기 떨어진 목련은 꽃이다, 아니다, 분분한데 우짜 꽃입니꺼, 아니, 꽃인지 아닌지 묻지 마라. 가끔 부처도 그것 때문에 곤혹스럽다. 그리하여 여태껏 법당을 비워 본 적이 없질 않느냐. 낙화를 꽃이라 말하기 전에 꽃에게 바로 물어 보거라. 오래 아팠던 생이 있었느냐고 정중히 물어 보거라. 결국 생은 아픔을 동반한다. 순아. 밤이 오면 절집 목련은 제 집의 문을 스스로 봉하더라. 잎도 없이 먼저 벙글어 생각 없이 지는 줄만 알았는데 오히려 더 수행하고 있더라, 늦은 밤 집으로 갈 때 등燈이 없어도 좋다. 늑골에 낙화 차곡 쌓여 밝아 좋다. 부처님은 잎 없이 벙글은 엉덩이를 보시느라 배웅도 없으시다. 그냥 손바닥을 펴서 굿바이 하신다. 순아. 어차피 혼자 하산하라는 말, 그 말 알지

선운사 동백나무

동백을 보고 온 사람은 선운사를 가라 하더라
동백 입술이 정말 붉더라
가만, 저 허리 굵은 동백을
철부지 동승은 한나절은 잡고 울었을 텐데
한사코 엄마가 있는 집으로 가겠다고
생떼를 쓰던 봄날은 그렇게 갔을 테지
저기, 일주문 밖, 입술이 동백을 닮은 여자
먼 숲에서 날려 온 잎을 밟으며 온다
부처님은 슬그머니 법당 쪽문을 반쯤 열어 놓으시고
모른 척 하신다
님은 합장하는 여인의 입술에 미소를 던지시고
이 찰나를 조용히 즐기신다
도솔암을 서둘러 가자며, 법당을 나온 여자는
너 알아, 동백은 통꽃으로 진다는 거
선운사에 오면, 아는 것도 병
부처님이 들고 있는 패는 공空
하나님의 패는 사랑
봄날, 동백이 들고 있는 패가 궁금하다

동백

나만큼 붉어 보았느냐

피 토하듯 붉었다만
또 얼마를 더 붉으란 말이냐

꽃물 뚝뚝 져, 속적삼 젖는다고
소쩍새
안절부절 못한 채 울었다

나만큼 울어 보았느냐

해운대가 화들짝 놀라
동백 대가리 붉다고 소리 지르지 않더냐

동백 이야기

동백이 왜 붉은지를 아는가
부탁하네, 하룻밤 동백리를 묵어가게
대신 지필묵紙筆墨은 필요 없으이, 어젯밤
동백은 뱃구레가 먼저 터져 선혈이 말이 아니야
늙은 산파는 기가 찼는지 줄행랑을 쳤고
동백은 그만 엉엉 울었어
하도 딱해서 보름달이 산파를 다시 데려왔지 뭔가
그녀는 날밤을 백여 송이 받아내고 곧 실신해 버렸지
사람들은 간밤의 일을 아는지 모르는지
가던 길, 돌아보며 꽃이 붉어 환장을 하겠다지 뭔가
아마 언 눈에서 붉어대니 더 환장하겠지

배롱나무

그냥 두라, 온정리 배롱나무를
꽃피고 질 때까지의 생애를 목격한 나는
한 계절도 싫지 않았다
한때는 똥개도 만원을 입에 물고 다녔다는 온정리
요즘은 해지면 온정리 버스 대합실은 인적이 드문드문 하다
70, 80년대만 해도 투병을 하는 사람들의 요양병원이었고
고인이 된 장모님은 어린 처형의 피부병을 고친다고 겨울을 울며 지냈다
2015년, 나도 직장을 따라 1년을 잘 보냈고
가끔 백암 마트 남사장에게 온정리 소식을 묻는다
배롱나무는 제철에 잘 피는지
제철에 관광객은 꼭 오는지
순기 누님 콩국수 맛은 변하지 않았는지
온정리 겨울바람은 미친 년 널뛰듯 했다
후포항 능숙한 바닷바람이 광품리 계곡을 타고 올라오면
온정리 배롱나무는 안과 겉이 같이 누웠다 일어났다

나무는 한 쪽으로만 자랐다면 가지가 부러지거나
한 쪽으로만 꽃을 피웠다면
새는 중심을 잃고 배롱나무에 앉지 못했을 텐데
찬바람으로 멍이 풀어지기도 전에
나무는 우듬지를 세우려고 젖 먹은 힘까지 보태고
분간이 안 될 정도로 황사바람이 분다
목마른 봄
가고 싶다, 온정리에

해바라기 꽃

나는 그대에게 썩소를 보냈습니다
당신은 목젖이 보이도록 웃어줍니다
얼굴엔 온통 웃음뿐인 당신은
사람들이 햇살이 뜨겁다고 그늘 아래로 모일 때
그대는 종일 수고했다며 해를 따라가며 웃습니다
당신을 비난했던 나는 부끄럽습니다

4부

오래된 기억

세상 저문다는 것

저문다는 것, 곧 별을 불러내고
하루를 축복 속에 마감한다는 것이다

눈부신 사랑도
그 아름답던 꽃잎도
노을은 결국 저문다

저녁 산이 어두워지고, 낮에 주목받지 못한 강물이
속 깊게 소리를 내는 것은
이미 저문다는 의미가 아니겠는가
그에게 풍경은 지워지고 소리만이 제 안에 남아 저문다

세상 저무는 것들은 다 둑길에 있었다
매어둔 염소가 해진다고 울면
하루를 마감하지 못한 채, 나는
저무는 것들을 마중하러 간다는 것이
못내 슬프다

영일만 언니네 집

언니네 포장마차 간판이 비에 젖었네
공사판에서 뜯어온 문짝도 종일 비를 맞았네
술 먹는 사내들
이런 날은 막걸리에 뜨끈한 국물 한사발이 그만이네
쪽방 사내 툭툭 털다 외상을 해도
언제까지 갚아 달라는 말도 없었네
장딴지 굵은 언니, 인심이 후했네
언니야, 잘 살것나, 손금 좀 보재이
너스레 떠는 사내들, 그날은 공짜 술을 먹었지만
취한 날은 오지게 바가지를 쓰고 갔네
결국 본전이었네

작년 언니는 육순을 살고 갔네
죽어서는 술을 안 팔 거라던 언니
모여 있는 사내 중에 유독 어깨 낮은 사내를
툭툭 치던 언니
지금 언니를 잃은 간판이 비에 젖네
사내는 단골을 접으려 하는데
그 집 비닐 창문에 번지는 노란 양은주전자

걸음을 멈추게 하네
기둥에 달린 배가 푹 찌그러진 노란 주전자
추억의 밀당이었네
더 채워달라고 흥정하던 일이 미안하네

영일만 언니네 집
흐린 간판에 이제 비 그쳤으면 좋겠네

풀숲의 기억

미루나무만 멀뚱 섰던 신작로

풀숲에 들어가 똥을 눈 사람은 안다
으스스한 순간을 별똥별 세며 참았던
진짜 달걀귀신이 나타나면 어에노, 애를 태우는데
아야, 그만 똥꼬에 똥이
이, 물컹한 느낌

깔깔한 호박잎을 비벼 똥꼬를 대충 닦았지만
홑바지 단추 구멍은 계속 엇갈리고
안짱다리 걸으며 집으로 가는데
따라 붙던 달빛이 마당에 먼저 어슬렁거렸다
이, 난감함

그날 밤 나의 비밀을 아무도 몰랐으면 했고
아마도 달빛이 누설했을 거라는 생각에
호박잎쌈을 먹을 때마다 웃음이 난다

이 오래된 기억
단절할 때도 되었는데
시간이 지날수록 소나기 한나절 들어붓는다

경복궁 돌담을 걸으며

조선 궁녀에게 돌담은 슬픔만 인계했다

그날 저녁 비는, 뜰 앞 매화나무를 거칠게 몰아넣고
화들짝 놀란 나인內人의 쪽진 머리에 빗물이 굴렀다
돌담 밖 풍경은 금도의 땅
은밀히 내통한 자만이 살아남아 두 쪽으로 또는
네 쪽으로 갈라졌던

오늘 밤
금상今上은 어디에
그 잘난 금상 때문에
당신 때문에, 당신 때문에
그 허구한 밤을 서럽게 울고 간 여자들

가까이 나인도 못 챙기면서
어리석은 백성을 챙기겠노라

태정태세문단세 예성연중인명선
광인효현숙경영 정순헌철고순

경들은 들으시오, 과인은 땅 한 평도 없소
농자천하지대본야니, 백성들은 농사에 힘써야 할 것이오

어리석은 백성은 굳게 믿었느니라

인력 공사를 지나며

아침 출근길이었네
봉화통로 인력공사 간판에 안개꽃 스멀 피네
누가 피웠는지, 새벽부터 드럼통엔 장작불이 타고
출석부를 든 담임 선생님 기다리듯
습관처럼 모여드는 늙수그레한 사내들
장작불 지고, 모닥불이 푸석거리도록 귀가를 잊은
한 사내를 출장길에 다시 보았네
연신 담뱃불만 당겼네
막노동을 해 본 사람은 안다네
원천 기술이 없으면, 막돌 채울 때 잡부로 쓰여 짐을
이 볼품없는 사내가
오늘은 조연급은 아닌 단역만이라도 좋겠네
살면서 누구든 큰 소리 치지 말라고 신은 그늘을 주었네
이 부실한 사내 어깨에도 뽕이 핀다는 걸, 이왕이면 쌍뽕으로
그대 알았으면 좋겠네

나, 종일 변방의 그 사내가 눈에 밟히네
닦아내면 다시 창문에 성에 끼듯, 눈에 밟히네
나, 그대에게 간청하네
한때는 그대도 아름다운 불씨였음을 기억하면 좋겠네

섬

너는
떨어져도 외롭지 않다더니 불쑥 알몸을 드러내는구나
아침 나팔꽃 터지듯이 "빵"하고
나 같으면 외롭다고 말했을 걸
문디 자슥, 외롭다고 한번쯤 말하지

해 시든지 오래

섬은
짠물에 담긴 몸을
저녁쌀 씻듯
하얗게 씻어 육지로 보낸다

문디 자슥

바다로 간 남자

울게, 쏟을 눈물이 있으면 감추지 말고
바다에 나와도 그 흔한 독설을 퍼붓지 못하는
그대는
조용히 눈물 흘리고 간 사람

바다 끝, 수평선 좀 보게
저렇게 팽팽히 줄을 당기고 있지 않은가
차마 그 줄을 놓을 수 없는 까닭은
당장 눈앞에서 절망하는 일이 많아
있는 힘 다해 붙들고 있지 않은가

우리는 바람 부는 쪽으로 몸을 던졌고
밤낮 허둥대며 울면서 살았잖아
살면서 왜 억장이 무너지는 날이 없겠는가
파도도 억장이 무너지는 날은
해지는 쪽으로 가서 흰 수건 꺼내들고
밤새 울지 않던가

반달

배롱나무 숲이 어두워졌습니다

하늘에 반달
반쪽은 얼마간 수선이 필요합니다

반달은
장애가 있어도 이렇게 숲길 환합니다

거미

1

아파트 창틀에 거미가 거꾸로 매달려 산다
그는 어디론가 매달려 가는 것이 아니라
그물을 치고, 걸려든 밥을 배불리 먹고
거실을 감시하는, 조물주의 뜻대로
이는 나와 거미의 오랜 불편한 진실이다

2

아파트는 벌집 같다
저녁, 노동을 끝낸 사람들이 벌집으로 걸어 들어가면
곧 커튼이 내려지고
이튿날 출근까지 찬밥 신세가 되어야 한다

주인이 돌아오지 않은 불 꺼진 집은
달빛이 창문을 바스락거려, 미 귀가를 알리고
아직 영화관에서 팝콘을 먹으며 연애를 하는 벌이거나
장례식장에서 늦은 술을 먹고 귀가를 잊은 벌이거나
아파트 각 호실이 일제히 불 켜지는
저녁이 있는 삶, 정말 가능할까

3

안개가 마당까지 실족한 날은 몇 집만 보이고 대부분의
집들이 시간에 숙성되어야 한다
안개에 갇힌 창밖은
크고 작은 풍경들이 카메라 조리개에 좀일 잡히질 않고
명성센시빌 지붕이 모습을 드러내기 시작할 즈음
꿀을 따러 바삐 밖으로 나간다

4

아파트 총무인 아내는 재작년 마당에 접시꽃을 심었다
청소하던 젊은이는 개량종 무궁화라 한다
기억은 어디쯤에서 더듬어야 할까, 난 대책이 없다
그래, 그의 눈에 무궁화면 됐지
굳이 접시꽃이라고 기죽일 필요는 없지 않은가

5

울림통이 없는 벌레는 감동을 주지 못한다
거미는 가을날 내 침대 맡에서 소나타를 불러준 적이
없지만
궁금할 때가 있다

허구한 날 군소리 하던 친구가 소식을 끊고
나를 찾지 말라는 메모도 없고
그때가 궁금하다
오늘처럼 유리창엔 장마비 저렇게 퍼붓는데

6

장마 끝난 자정, 봉화마트 간판에 불이 꺼지고
거미가 떼를 지어 거실을 흘기는 장면이면
예기치 못한 복병과 늦은 밤, 전투가 시작된다
죽느냐, 사느냐
다만 거실을 쳐다보기는 허락하되 침입은 안 된다
달빛이 내린 베란다 창문이 중재에 나섰고
약속을 하지 않으면 바람은 줄을 끊어버리겠다 으름장을 놓고

모든 것이 거미에겐 불편하구나
사람이 아주 이기적인 동물이라는 것이 입증되는 순간
새벽까지 잠을 들긴 틀렸다
새날을 꿈꾸면서, 친구 거미에게 한 표 던진다
친구, 자네도 쨍하고 해뜰 날이 있다

잡초 그리고 풀

잡초와 풀을 구분 못하는 나는
한 문장으로 잡초는 제거의 대상이고
그럼 풀은 소먹이 정도로 정의하기로 한다
젊은 시절 많은 밤을 풀밭에 누웠지만
깊은 고민이 없던 시절이었음을 반성한다
어쨌든 잡초와 풀은 사람 눈길이 멀수록 풀물이 잘 든다
가물 때 무논에만 가도
논물은 차고 넘쳐 개구리 알이 둥둥 떠다녔고
잡초와 풀은 일찌감치 물 배급에서 묵살 되었다
사실 멸종이 되기를 바라지는 않았을까
가뭄이 길어질수록 풀과 잡초는 살생부 꼭대기에 등재 되었다
작년 수해지 산비알을
면장님과 이장님은 푸르게 해야 한다고 종일 외쳤지만
마을은 고요했다

洞民이 부역을 나와 덮어야 할 절개지를
가물 때 흙먼지를 독박 쓰던
잡초 그리고 풀이 덮어갔다
저물어 풀죽은 모습은 안쓰럽지만
그들은 무소의 뿔처럼 푸르게 올라갔다

소나무

비 한 방울 받아내지 못할 바위틈을
어떻게 밀고 들어갔는지
참 천연덕스럽습니다
평평한 삶보다는 굴곡진 생을 선택했습니다
어쩌다 소나기가 한줌씩 던져주는
빗물
곧 말라 죽을 거라고 서로 눈을 바라볼 때
소나무는 바위를 뚫기 시작했습니다
걷던 발길 멈추고 산을 올려다보게 됩니다
오늘 누군가의 생이 살이 찝니다

초승달

더 깎을 곳이 없다
보름달을 깎아 시퍼런 칼 한 자루 널어놓았다
신은 가끔 한 획으로 응답하신다

초생달

매달 음력 초순
신은 하늘에 군만두 하나 걸어 두고 갔다

군만두에 쓴 한 줄
"세상 배고픈 사람을 위하여"

달포 지나 또 하나 걸어 두고 갔다

갯바위

파도만 쳐서는 바위가 깎이지 않는다

간혹 먹장비에
봄날, 꽃비에 깎이고
밤 낚시꾼의 운동화에 깎이고

바위에 난 숭숭한 구멍 누가 깎다만 자국인가

먼 옛날
지아비를 부르다
망부석이 된 여인의 울음은 아닌지

간혹 생각이 든다

5부

감에 관한 小考

감 · 1

땡감이 홍시가 되기까지는 된서리를 맞는다
감은 제 안에 떫은 물이 존재했던 것
밤낮 떫은 물을 퍼냈다
골고루 햇살을 뒤집어야 덜 떫다

감 · 2

산꽃 다 졌다고
뭐 볼 게 없으니, 일행은 그만 내려가자고 한다
다른 일행은 이왕 올라온 김에
진 꽃이라도 보고 가자 한다

꽃은 다 졌지만
산감나무 홍시에 가을이 꽉 박혔다

가을이 무거워 누구도 못 따갔다

감 · 3

잎새달에 고요히 내린 빗소리
바람 불 때마다
풋감에서 촐랑촐랑 물소리가 난다

서리달에 아삭아삭 내린 무서리
출렁출렁 봇물이 넘어 끝내 둑을 터뜨렸다

감 · 4

하늘도 무심하십니다, 잎새 몇 장 남기고요
홍시더러 얼른 숨으라고 합니다
때까치가 장난삼아 감을 툭툭 칩니다
감은 생사가 달렸습니다
생각 없이 무서리가 내렸습니다
홍시만 남았습니다
언덕엔 잎들만 무성합니다
가을이 잎 속에 깊이 묻혔습니다

감 · 5

홍시가 익을 때는 벌이 날지 않았다
벌은 이미 꿀을 저장하는 방법을 전수했으리라
가을볕 쬐는 초가집
쩍 갈라진 기둥에 죽은 벌들이 가득하다

감 · 6

늦은 여름 꿀벌이 풋감으로 들어갔습니다
풋감은 얼굴이 퉁퉁 부었습니다
화근내 나는 섶을 뒤집어쓰고
벌은 불 속을 뛰어 들었습니다
풋 냄새가 날까 봐 저렇게 뛰어 들다니요

해설

ㅁ해 설

이나리강, 혹은 그늘이라는 빛

김 상 환 (시인, 문학박사)

Ⅰ.

시의 아름다움과 향수(享受)는 살아있음의 황홀경에 있다. 그것은 자연과 인간사의 이치와 흥취에서 비롯되며, 순간의 영원을 경험하는 것만큼이나 감동적이다. 시는 생명이다. 생명은 생과 명이 결합된 것으로, 명이 이미 주어진 것이라면 생은 이를 새롭게 변화시키는 의지나 역능을 말한다. 생명은 이런 두 항의 대립과 충돌로 인해 비롯되는 새로운 하나이자 흐름이며 주름이다. 주름의 접힘과 펼침 속에서 생성되는 차이와 반복은 생명의 질서인 동시에 새로운 도약이다. 생명의 마음과 눈으로 바라본 "세상은 얼마나 황홀하고 감각적인가. 그것은 신비에서 시작되었고 신비로 끝날 테지만, 그 사이에는 얼마나 거칠고 아름다운 땅이 가로놓여 있는가"(다이앤 애커먼, 『감각의 박물학』). 겨우내 언 땅에서 어둠을 뚫고 나오는 새싹을 보면 안다. 존재의 비밀은 겨울과 봄 사이에 있다. 사이와 경계의 점이 지대(漸移地帶)에서 피어나는 모든 자연과 사물들은 저마다의 생명과 존재 의의를 갖는다. 시는 묘처(妙處)다. 생명의 생명이다.

첼로의 성자인 파블로 카잘스의 〈새들의 노래〉를 들으면 어딘지 모르게 애틋하고 가라앉은 물처럼 고요한 느낌이 든다. 이는 무언가 소중한 것을 잃어버린 자만이 알아낼 수 있는 소리의 비밀이다. 시가 그렇듯 카잘스의 음악에는 '말할 수 없는 소녀'가 산다. 불가능의 가능성으로서 그것은 기쁨과 슬픔, 사랑과 죽음의 경계에 위치해 있다. 그런가하면, 서정시의 위의와 가치는 질문에 있다. "어떻게 하면 내 슬픈 기도가 하늘에까지 닿으랴?/ 당신도 욥처럼 〈내가 태어난 날〉을 비통해 하며/ 엉엉 울어본 적이 있는가?/ 몇날이고 잠 못 이루며, 그 영원한 외로움을 이겨내 본 일이 있는가?"(에밀 시오랑, 『내 생일날의 고독』). 고독과 구원, 아니 탄생의 비극은 욥의 언어에 있다. 하늘에 가 닿으려는 간절한 마음과 말, 그 통점(痛點)과 암점(暗點)에 있다. 왜 인간은 고통과 사랑 속에서 서정적이 되는가, 삶의 결정적 순간에만 서정적이 되는가? 이런 시오랑의 말은 서정시가 하나의 형태나 체계 너머에 있다는 사실을 드러낸다. 시와 생명에 대한 미적 감수성과 윤리적 태도는 이제 서정시를 꿈꾸는 모든 이들에게 필요불가결한 가치이자 덕목에 속한다.

유병일의 이번 시집에는 마음의 빛과 그늘이 공존하는 서정시의 아름다움과 깊이가 있다. 또한 어떤 제스처나

포즈가 아닌, 인간적 심성과 진실이 담겨 있다. 「자서」에서도 밝히고 있듯이, 그의 시선은 사물의 사소하고 느리고 휘어진 것들-제철에 피지 못한 꽃, 갈수기에 멀리 가는 강물, 휘며 자라지만 하늘을 향해 뻗는 나무들에 닿아 있다. 회감의 정서에 기반한 자기 반조, 페이소스와 토속어, 자연적 미감과 생에 대한 관조를 서정적 단시나 산문시의 형태로 드러내고 있는 그의 시는, 특히 이나리강의 연작에서 통합과 이음의 세계를 보여 준다. "산다는 일(이) 애초 평지가 아니"(「담쟁이 사설」)라면 고통과 번뇌는 피할 수 없다. "파밭을 오는 나비(가)/ 낮술에 취하지 않고/ 긴 하루를"(「봄날, 축서사 가는 길」) 어찌 견딜 수 있을 것이랴. 그 엄연한 문제와 상황 속에서 자신의 실존과 대면하는 일은 시인의 운명이자 조건이다. 시인은 묻는다. "산벚꽃 무더기로/ 물끄러미 강물을 내려다보다/ 굳이 휘돌아 가는 물은/ 왜 그러냐고"(「어떤 물음, 혹은 봄풍경」). 물이 굳이 휘돌아 가는 이유와 이치에 자연의 아름다움과 진리가 있다. 소용돌이 모양의 곡선을 나타내는 나선(螺線)이나 비스듬한 균형을 유지한 등 굽은 소나무도 그렇다. 아름다운 것은 슬픈 것("아름다운 것은/ 슬픈 것이니라/ 한없이 한없이/ 슬픈 것이니라/ 슬픈 것이니라// 저 찬란한 봄꽃 동산에서/ 끝없이 울어대는/ 서러운 서러운 두견새 소리를/ 들어보아라/ 들어보아라// 더없이 아름다운/ 꽃이 질 때는/ 두견새들의 울음소리가/ 바다같이 바다같이/ 깊어만 가느니라." 서정주, 「아름다운 것은 슬픈 것이니라」)이라는 낭만적 명제 또한 유병일의 시를 이해하는 통로가 된다. 그렇다면, 저문다는 것은?

저문다는 것, 곧 별을 불러내고
하루를 축복 속에 마감한다는 것이다

눈부신 사랑도
그 아름답던 꽃잎도
노을은 결국 저문다

저녁 산이 어두워지고, 낮에 주목받지 못한 강물이
속 깊게 소리를 내는 것은
이미 저문다는 의미가 아니겠는가
그에게 풍경은 지워지고 소리만이 제 안에 남아 저문다

세상 저무는 것들은 다 둑길에 있었다
매어둔 염소가 해진다고 울면
하루를 마감하지 못한 채, 나는
저무는 것들을 마중하러 간다는 것이
못내 슬프다

-「세상 저문다는 것」 전문

하오의 시다. 하오는 하루해가 저물어가는 하강의 시간

으로서 아름답고 슬프다. 저물어 간다는 것은 빛이라는 소리["속 깊(은) 소리를 내는 것"]의 세계이며, 길의 이미지를 갖는다("세상 저무는 것들은 다 둑길에 있었다"). 소리와 길의 모티프는 인식과 몽상의 깊이를 더하며, 하오-저녁의 의미를 더욱 새롭게 고조시킨다. "젊은 시절 많은 밤을 풀밭에 누웠지만"(「잡초 그리고 풀」), 날 저물어 염소가 울면 '나'의 서러움은 조금도 줄어들 줄 모른다. 한편, 고대 그리스에서 비극(Tragedy)의 어원인 'Tragōida'는 두 단어의 합성어로서 염소를 뜻하는 'Tragos'와 노래를 뜻하는 'ode'가 결합된 말이다. 비극의 원래 의미는 염소 노래에 있다. 다만 그것은 비극이라기보다는 일말의 우수(憂愁)에 가깝다. 지는 해를 배경으로 드넓은 풀밭과 둑길 위, 하늘 가로 퍼지는 염소의 검은 노래는 마음의 소리와 풍경 같은 것. 세상 저무는 것들 앞에 우리는 무슨 꾀를 부리며 무슨 말을 더할 것인가. 시간의 흐름과 생의 의미를 차분하고도 진지하게 묘파해 낸 이 시에서 까닭 없이 밀려오는 슬픔과 서러움은 어디서 오는가. '래여애반다라(來如哀反多羅, 오다, 서럽더라)'. 저 바람결에 실려 오는 신라의 노래(「風謠」)를 듣는다. 누군가는 믿음이 없는 현세의 삶을 서러워했지만, 발화자인 나는 "저무는 것들을 마중하러 간다는 것이 못내 슬프"고 서럽다. 시나브로 저무는 것들을 '맞이한다-환대한다'는 것은, 슬픔에 앞서 자연과 생명의 신비이자 우연한 마주침의 순간이다. 저문-젊은 날의 슬프고도 아픈, 다음 시편을 보자.

1
내 스물다섯 초여름은 무방비로 왔다
그때 기대어 쉴 만한 안식처가 없었고
친구들은 면서기로, 학교로, 회사로 갔고
여름내, 강바람은 할 일이 없던 나를
이나리강으로 불러냈고
예비군 훈련장 미루나무는 제 몸에 붙은 잎을 막 비비기 시작했다
그때마다 내 코끝은 순도 높은 마약에 취했다
꽃이 없는 나무는 흔들어야 향기가 난다는 것을 그때 알았고
이 무렵, 나의 하루는 이웃집 누렁이와 절친이었다
긴 혀로 손등을 슥슥 핥아 주던 누렁이
촉촉한 눈으로
아픈 마음을 읽는 명의였다

-「개에 대한 묵념」 부분

강가에서 무위도식하며 지내던 젊은 날의 초상이다. '나'의 하루는 말 못하는 짐승('누렁이')이나 흘러가는 강물에 모아져 있다. 나의 아프고 외롭고 슬픈 마음을 읽고 위무해 준 것은 누렁이와 물이다. 시를 쓴다는 것은 자기를 알고 돌보는 과정이자 놀이로서의 삶이다. 일이 아닌 유희는 마약과도 같이 나를 순식간 취하게 만들고 새로운 앎의 세계로 인도한다. "꽃이 없는 나무는 흔들어

야 향기가"는 법. 부재의 생성으로 비롯되는 향기는 존재의 빛과 소리에 비견된다. 그런 꽃과 향기로서, "아픈 마음을 읽는 명의"서 개는 나의 묵념-경배의 대상이다. 이에 비해 「경복궁 돌담을 걸으며」("그날 저녁 비는, 뜰 앞 매화나무를 거칠게 몰아넣고/ 화들짝 놀란 나인內人의 쪽진 머리에 빗물이 굴렀다") 같은 경우는 개인적이고 실존적인 측면보다는 역사 사회적 차원에서 슬픔의 정서를 부각시키고 있다. 경복궁 돌담을 거닐며 지난 날 비운에 간 궁녀 명성황후의 비극이 그것이다. 비극과 슬픔의 정서는 연민의 감정을 불러 일으킨다. 이는 인부의 고단한 삶을 다룬 「인력 공사를 지나며」도 그렇지만, 「동국이 형」("동국이 형은/ 어릴 적, 민간약 처방으로 두 눈을 잃었다/ 그는 칠순이 넘도록 고향 이나리강에 산다/ 고향 마을 보호수 같다/ 형은 19공탄을 때던 시절, 손수레로 연탄배달을 했고/ 기막히게 골목골목 돌부리를 피해 다녔다 …귀천하기 전엔 꼭 눈을 뜨고 갔으면 좋겠다")의 경우 더욱 애틋한 데가 있다. 시각 장애인 동국이 형은 칠순이 넘도록 고향 마을에 살면서 어렵사리 생계를 이어 나간다. 신앙생활로 마음의 여유도 얻고 하던 그에게 시인은 소망한다. "귀천하기 전엔 꼭 눈을 뜨고 갔으면 좋겠다"라고. 유병일에게 시는 생의 온기이자 체온이다.

Ⅱ.

다른 한편으로, 유병일의 이번 시집에는 정감과 기지가

넘치는 서정적 단시(短詩)들이 눈에 띤다. 다음 작품들을 보기로 하자.

배롱나무 숲이 어두워졌습니다

하늘에 반달
반쪽은 얼마간 수선이 필요합니다

반달은
장애가 있어도 이렇게 숲길 환합니다

-「반달」 전문①

지난 겨울 산불이 났습니다
마른 풀잎부터 쓰러졌습니다

눈밭 봄보리 보다 무섭게 떨던
풀잎은

풀잎은 쓰러지면서도
눈물 안에 감춰둔 풀씨주머니를 바람에 터트렸습니다

봄바람은 누운 풀잎부터 세워 주었습니다

-「풀잎」 전문②

초저녁 샛강에 나왔습니다
바람은 수초 꽃대에 눕고
이따끔 강물은 달빛을 밀어냅니다
이는 파문은 파도보다 높습니다
밀어낸 강물이 돌아올 즈음
나는 달빛에 까맣게 감전됩니다

-「샛강에서」 전문 ③

잎새달에 고요히 내린 빗소리
바람 불때마다
풋감에서 촐랑촐랑 물소리가 난다

서리달에 아삭아삭 내린 무서리
출렁출렁 봇물이 넘어 끝내 둑을 터뜨렸다

-「감 3」 전문 ④

가슴에
낙엽을 더 쌓아 둘 수 없어
오늘은 반쯤 태우리라

그칠 줄 모르고
요요搖搖하는 잎

다시 잎은 요요寥寥

가을은
그렇게 가고

나, 그 잎들
차곡차곡 밟는다

-「낙엽」 전문⑤

삶의 한 단면을 집약적으로 보여 주는 서정적 단시의 경우 ①과 ②에서는 시인의 따뜻한 마음이 느껴진다. 자연과 사물에 인격을 부여한 것이 서정시라면, ①은 반달의 형상을 "수선이 필요"한 장애인에 빗대어 말하고 있다. "섬은/ 짠물에 담긴 몸을/ 저녁쌀 씻듯/ 하얗게 씻어 육지로 보낸다// 문디 자슥"(「섬」)이란 표현도 매한가지다. ①에서 엿볼 수 있는 지혜의 단면은 어두운 숲길이 밝게 빛나는 것은 아직도 남아 있는 반달 때문이다. 반달이 밝은 어둠이라면 경어체는 반달에 대한 예의다. ②는 시인의 직업(소방 공무원)이 반영된 것으로 생명의 심층과 비의가 숨겨져 있다. 특히 "눈물 안에 감춰둔 풀씨주머니"의 탁월한 감수성은 "감(이 이미) 제 안에 떫은 물이 존재했던 것"(「감1」)으로 드러나 있다. 직관과 통찰이 가히 놀랍다. 바람이 누운 풀잎부터 일으켜 세우는 장면은 또 어떤가. 일으켜 세운다는 것, 즉 존재의 건립은 시와 생명의 비밀이다. ③에서 문(文)이 문(紋)이라면, 일렁이는 "파문은 파도보다 높"다. 물의 무늬와 물결이 만들어내는 저녁 샛강은 그믐 달빛과 함께 '나'를 전율케 한다. 사이 존재인 샛강에는 큰 강과 바다가 놓쳐 버린 아름다움과 비밀이 있다. 그런 샛강의 물이 돌아온다는 것은? ④는 연작의 하나로서 말에 흥감이 있다. '잎새 달'과 '서리 달', '빗소리'와 '무서리'가 그것이다. 봄('잎새 달·청시')에서 가을('서리 달·홍시')까지 감-물의 시간과 의미를 단적으로 제시하고 있는 이 시에서, 물오른 나무들이 저마다 잎을 돋우는 잎새 달은 실로 아름답다. 순간, 늦가을 서리 달을 소재로 한 이행(李荇, 1478~1534)의 연작 한시 「霜月 서리 달」(12수 중 제 1수. "晩來微雨洗長天/ 入夜高風捲暝烟/ 夢覺曉鍾寒徹骨/ 素娥靑女鬪嬋姸: 저녁 나절 가랑비 하늘 헹구고/ 밤들자 높은 바람 구름을 쓸어/ 새벽 종소리 싸늘하게 뼈에 스밀 제/ 서로 예쁨 겨루는 달 아가씨와 서리 낭자"이 떠오른다. ⑤는 서시 격에 해당하는 것으로 마음의 동정(動靜)을 계절 감각에 빗대어 나타내고 있다. 낙엽 쌓인 거리를, 또 숲을 거닌다는 것은 그칠 줄 모르게 솟아나는 마음의 동요(動搖)를 잠재우기 위해서다. 그러면 마음의 잎새들은 다시 갈앉게 된다. 여름이 가고 가을이 온다. 계절이 가고 오는 것, 이 "순수한 운행을 따를 때만이 시는 그 진정성을 얻는다" 프랑스와 줄리앙/유병태 옮김, 『운행과 창조』). 가을은 마음을 밟고 다잡는 내면의 시간이다. "가을은/ 그렇게 가고", "다시 잎은 요요寥寥"하다.

Ⅲ

유병일에게 이나리강 연작은 각별한 의미를 갖는다. 그도 그럴 것이 시인은 "유년기를 이나리강에서 보냈(「자서」)"고, 그곳에서 자신의 시심을 싹 틔워 글을 쓰게 되었기 때문이다. 이나리강은 아름답다 못해 신비롭기까지 하다("神은 이나리강 두 곳에 달을 풀어 놓았다 그 까닭을 알고자 뭇별들은 초저녁부터 높이 박혔고 별똥이 되어 강바닥으로 쓰러졌다.", 「이나리강, 달맞이꽃」). 이나리강의 아름다움은 풍경이 아닌, 내면의 소리에 있다("풍경이 아니라 물 안에서 부딪는 소리", 「이나리강 소묘」). 다음 시편은 연작의 백미에 속한다.

이나리강
자갈밭에 강물 올라오는 소리
학은 외발로 섰다
목을 길게 뽑다가 지루한 듯 흔들어 집어넣고는
양 날개를 펴 중심을 잡는다
저만치 낚시꾼들 자리를 털고 일어설 때
학은 서둘러 목을 접었다

해종일 강가에서 학이 울었다
비단 물안개 탓만은 아니다
울리는 소리만큼이나 감당하기 벅찬 밤이

온다는 예감 때문에

저녁이 와서도 외발의 비밀을 밝혀내지 못했다
학은 낚시꾼이 버리고 간 시간을 밟고 섰다

그대 직립의 인간이여
삶이란 결국 홀로서기

저만치 이나리 강에 학이 외발로 서 있다

-「이나리강에 학이 외발로 서 있다」 전문

이나리강은 경상북도 봉화군 명호면을 흐르는 낙동강 상류로서 두 개의 나리(내, 川)가 만난다. 이 강에 학이 외발로 서 있다. 날개를 펴 중심을 잡기 위해 학은 고고한 모습과는 달리 고통과 아픔을 참아낸다. 하루 이틀이 아니다. 학은 "저 큰 강을 혼자 지킨다는 것이 자신의 몫이라는 것을 안다. 천년을 그렇게 살았다. 때론 급물살이 정강이를 몰아쳤지만 외다리에 얹어 놓은 생은 단단했다."(「이나리강 학(鶴) 이야기」)에서 보듯이, 학이란 하나의 정신적 풍경 속에는 상처는 물론 시간을 초월한 의지가 있다. 학이 하루 종일 강가에서 운다. 우는 것은 물안개 때문만이 아니라 쉬 어두운 밤이 오기 때문이다. 외발의 비밀은 시간에 있다. 버리고 간 낚시꾼의 시간과는 달리 학의 시간은 얻음에 있다. 얻음(得)은 덕(德)이다. 학의 도와 덕은 실존의 근본 범주로서 진정한 시간에 있다. 홀로 서는 인간은 학의 경우처럼 직립한다. 직립의 인간은 대지에 발 붙이고 살면서 하늘을 꿈꾼다. 이른바 세속에서의 초월이다. 이나리강에 학이 외발로 서 있다는 것은 두 힘 사이의 팽팽한 긴장이다. 이로써 물이 흐르고 학은 곧추 서 있다. 그늘이라는 빛이다. 시인은 개인과 역사, 정신과 자연, 호모 렐리기오스(homo religiosus, 종교적 인간)의 "강이 굽어질 때까지 (바라)본다"(「청량산행」). 이번에는 서정시의 근간이 되는 그리움의 시편들이다.

유년 시절
엄마는 애야, 장도리밭에 나새이가 어른 한 뼘이나 되는구나
엄마의 행간은 지난겨울이 몹시 추웠다는 이야기고
우리도 잘 견뎌냈구나, 말하고 싶었다

언 밭에 누운 냉이꽃이 참 이쁘다
냉이꽃 같은 엄마가 다시 그립다
-「냉이꽃」 부분①

분천역은 지금 설원

이런 날은 사랑하는 사람과
철길 한쪽씩 나눠 걸으며

양원역까지 걷는 동안은 기차가 오지 않았으면 좋겠네
봄찔레 같은 눈이 침목보다 높이 쌓이네
움푹 꺼진 철길 옆으로 시들다 눈을 맞은 코스모스
가파른 언덕을 기던 패랭이꽃이 보이지 않고
눈을 뒤집어 쓴 철길은
길을 잃지 않으려 터널 안까지 눕고

밤새 내리고도 성에 안찼는지 유리창에 달라붙는
싸락눈
역무원은 연탄재를 버리다 말고 돌아가
유리창에 대고 후하고 분다
그도 옛사랑이 그리워지네

-「분천역에서」 전문 ②

시와 진리(Dichtung und Wahrheit)는 혹자(괴테)에 의하면 지나간 것들에 대한 회상을 말한다. ①, ②도 이와 궤를 같이 한다. ①에서 시인은 냉이꽃 피는 어느 봄날 어머니가 그립다고 말한다. 향토 방언('장도리밭', '나새이')의 사용이나 유년의 회상을 통해서다. 자연과 인간에 대한 기억과 기대감은 시간의 흐름과 꽃의 비밀에 있다. 추운 겨울을 빠져나오지 않고는 봄이, 냉이가 불가능한 법. 어른이 된 지금에 와서야 어머니의 의중과 행간을 읽는다. 하여 "언 밭에 누운 냉이꽃이 이쁘(지 않을 수 있는가)", "냉이꽃 같은 엄마가 다시 그립(지 않을 수 있겠는가)". 얼어붙은 밭에 누워 있는 냉이꽃이 그토록 귀하고 아름다운 것은 다른 한편으로, "언 밭에"의 〈에〉라는 말-조사에 있다. '언 밭'과 '냉이꽃'을 매개하는 그 말 한마디로 죽음과 생명이 서로 스며든다. 시의 힘은 놀랍다.

엄마는 일찍이 "교회 종지기였다". 그리고 "자정이 넘으면 순희 누나네 정미소에서/ 보내주는 전기가 끊겨 … 새벽마다/ 예배당 곳곳에 남폿불을 켰다"(「엄마의 자서전」). 그런 어머니에 대한 기억은 순전히 봄과 냉이꽃에 있다. 시인의 그리움은 비단 어머니에게만 그치지 않는다. ②에서 "분천역은 지금 설원"이다. 천지간 하얗게 눈이라도 내리는 날 철길을 나눠 걷고 싶은 분천역은 경상북도 봉화군 소천면 분천리에 있다. 마을의 중심에 있는 역은 백두대간 협곡 열차의 기착지가 되면서 수많은 여행자들이 드나든다. 이 간이역을 생각하면 누구라도 문득, 그리운 사람이 있으리라. 성가신 이야기도 축사(祝辭)처럼 들리는 그 누군가에게 마음의 귀를 기울이면 눈은 내려 쌓이고, "눈을 뒤집어 쓴 철길은/ 길을 잃지 않으려 터널 안까지 눕"는다. "가파른 언덕을 기던 패랭이꽃이 (더는) 보이지 않"아도 좋다. 이튿날 역사 내 유리창에 핀 것은 싸락 눈-꽃이다. 이런 때면 "역무원(마저도) 연탄재를 버리다 말고 돌아가" 입김을 흐리운다. 분천(汾川)은 말 그대로 '큰 냇물'이라기보다 하늘의 사랑과 기쁨을 분유하는 '분천(分天)'은 아닐는지.

IV.

금초(琴超) 유병일의 시에는 깊고 그윽한 거문고 소리가 들린다. 쓸쓸한 아름다움이다. 거기엔 인간과 자연에 대한 사랑과 연민은 물론, 언어에 대한 남다른 감수성이 느껴진다. 그는 이나리강의 시인이다. 이나리강은 시심의 발원지이며 슬픔과 기쁨의 두 감정이 만나는 이음(Fügen)의 장소다. 이나리는 샛강, 즉 사이의 강이다. 사이는 '말할 수 없는' 갓난아이(in-fant)와도 같은 존재, 그것은 지각 불가능한 세계이자 물의 꿈이다. 빛과 그늘이 하나로 어우러진 이나리강에는 천년의 학이 외발로 서 있다. 풍경과 상처, 아니 그늘이라는 빛만큼 숭고한 아름다움이 있을까. 이나리강은 미처 알 수 없는 말과 삶, 숨과 결, 주름과 흐름의 아토포스(atopos)다. 그 강의, 물의 빛과 소리를 바라보는 기쁨의 시간, 금초의 시를 읽는 시간.

유병일 시집

이나리강 달맞이꽃

1판 1쇄 인쇄/ 2019년 12월 10일
1판 1쇄 발행/ 2019년 12월 15일

지은이/ 유 병 일
펴낸이/ 김 주 안
펴낸곳/ 도서출판 진실한 사람들
주소/ 경기도 하남시 미사 강변서로 25 9 26호 (테스타타워)
Tel/ 031-5175-6210
Fax/ 031-5175-6211
E-mail/ munvi22@hanmail.net
등록번호/ 제300-2003-210호
ISBN/ 978-89-91905-77-1

값10,000원